ÉLOGE

DU

DOCTEUR YVAREN

PRONONCÉ

PAR

LE DOCTEUR PAMARD

DANS LA

RÉUNION ANNUELLE

DE LA

SOCIÉTÉ DES MÉDECINS DE VAUCLUSE

6 NOVEMBRE 1886

AVIGNON

AUBANEL FRÈRES, IMPRIMEURS-LIBRAIRES

PLACE SAINT-PIERRE, 9.

—

1886

ÉLOGE

DU

DOCTEUR YVAREN

PRONONCÉ

PAR

LE DOCTEUR PAMARD

DANS LA

RÉUNION ANNUELLE

DE LA

SOCIÉTÉ DES MÉDECINS DE VAUCLUSE

6 NOVEMBRE 1886

AVIGNON

AUBANEL FRÈRES, IMPRIMEURS-LIBRAIRES

PLACE SAINT-PIERRE, 9.

—

1886

ÉLOGE

DU

DOCTEUR YVAREN

———

Messieurs,

Un mois ne s'était pas écoulé depuis notre der-
nière assemblée générale, lorsqu'après quelques
jours de maladie le docteur Prosper Yvaren nous
était enlevé. Déjà dans une autre enceinte, M. Cerquand a prononcé l'éloge de notre cher et regretté
confrère : dans ce travail qui se recommande autant
par le fond que par la forme, il a très bien su définir
cette existence laborieuse, que deux passions se sont
partagées, celle des belles-lettres et celle de la médecine. « Ce fut, dit-il, à la fois un médecin et un
« lettré, il aima la médecine et les lettres d'un égal
« amour, et les pratiqua de même, faisant alterner
« ses publications de la médecine à la poésie, de la
« poésie à la médecine. » Et plus loin : « Il semble

« que j'étudie deux hommes, un savant et un artiste,
« lorsqu'en réalité l'artiste et le savant se confon-
« dent dans une si remarquable unité que l'on ne
« comprendrait pas le docteur, privé de ses qualités
« littéraires, plus que le lettré, privé du titre de
« docteur. »

Dans son travail, mon collègue à l'Académie de
Vaucluse a étudié le lettré depuis l'élégie, qui valut
au rhétoricien de 1826 une mention honorable
dans le concours des Jeux floraux, jusqu'à cette traduction des Géorgiques, qui fut comme le chant du
cygne, et que l'Académie Française jugea digne
d'une mention honorable cinquante-huit ans plus
tard. Je n'aurai garde de m'engager dans cette voie,
mais je ne saurai pourtant négliger de vous signaler
la sûreté de goût, la délicatesse et la compétence
avec lesquelles a été conduite l'étude de l'œuvre
du lettré. Le médecin a été quelque peu négligé ;
M. Cerquand s'en accuse en toute bonne foi ; vous
me permettrez de le compléter aujourd'hui, en étu-
diant le côté scientifique de la carrière de M. Yvaren.
Ce travail dépassera, sans doute, les limites ordi-
naires : je vous demande votre indulgence, et je
compte sur votre pardon ; du plus loin qu'il me sou-
vienne, le cher maître m'a toujours témoigné une
sollicitude presque paternelle, et je lui avais voué
une affection toute filiale.

Né à Avignon d'une famille bourgeoise d'Arles, il
commença ses études dans le collège de sa ville na-
tale et alla les terminer dans celui de Lyon. C'est là
surtout qn'il trouva les maitres, qui développèrent
ses dons naturels et cultivèrent ce goût pour les

belles-lettres, qu'il a conservé jusqu'à son dernier jour.

Bachelier, il partit pour Paris, où il allait suivre les cours de l'Ecole de médecine. Il y vécut au milieu d'une colonie de compatriotes ; ce fut, nous a-t-il dit souvent, une des périodes les plus heureuses de sa vie : le travail de l'hôpital et de l'amphithéâtre ne l'empêcha jamais de s'intéresser aux choses de l'esprit, et il put suivre de près le magnifique mouvement littéraire qui remua tout Paris à l'époque.

Son séjour sur les bancs de l'école ne se prolongea pas : il fut reçu docteur le 15 janvier 1831, et rentra à Avignon, il n'avait pas vingt-trois ans. Ses débuts dans la clientèle ne furent pas rapidement brillants : ainsi qu'il l'a dit lui-même, il s'enrichit tout d'abord de la reconnaissance des pauvres, qui furent ses premiers clients. Ils continuèrent à l'être longtemps ; avec les qualités que vous lui avez connues, vous pouvez bien penser qu'il ne sut jamais se refuser ; sa bienfaisance et sa charité furent toujours sans bornes ; pendant les cinquante années, où il a exercé la médecine, il n'est sorte d'actes généreux, dont il ne se se soit rendu coupable.

Il fut pendant quelque temps médecin de ce qui était alors la maison de santé : il s'intéressait vivement à l'étude de ces désintéressés de l'intelligence, et nous pouvons penser, qu'il eut contribué aux progrès de la médecine mentale s'il eut continué dans cette voie. Une réorganisation administrative fit entrer dans les rouages d'une savante centralisation l'établissement, qui lui était confié. Il craignit de

voir son indépendance et son initiative menacées, et
donna sa démission.

Peu après il fut chargé d'un service de médecine
à notre Hôtel-Dieu, mais il y renonça bientôt à la
suite de quelque conflit administratif et préféra se
consacrer tout entier à la clientèle. Vous tous qui
l'avez connu, vous ne vous étonnez pas du succès
qu'il obtint, comme médecin, et comme homme.

Il savait tenir ses malades sous son charme ; cau-
seur aimable, il tirait parti de tout ce qu'il avait
acquis, pour donner à sa conversation une tour-
nure littéraire avec une forme toujours élégante.
Il ne dédaignait pas ces anecdotes, qui faisaient for-
tune dans les ruelles au siècle dernier, et qui, quel-
quefois scabreuses dans le fond, se sauvaient toujours
par la forme. Mieux que personne, il savait tourner
un bouquet à Chloris et murmurer un madrigal. J'ai
dit ailleurs, qu'il sentait son XVIIIe siècle ; c'est encore mon avis. J'ai toujours trouvé, qu'avec ses dé-
licatesses et ses élégances il était égaré dans notre
siècle pratique et brutal. Je me le suis souvent
figuré, tel qu'il aurait été dans ces ruelles à la mode,
faisant un de ces récits comme il savait les faire, et
s'arrêtant au bon endroit pour débarrasser son
jabot de dentelles par un geste gracieux de quelques
grains de tabac échappés à la prise, cette heureuse
invention de nos ancêtres, qui leur permettait de s'ar-
rêter pour chercher le mot quand il ne venait pas,
ou pour le souligner quand il était trop bien venu.
Il n'était pas fait pour la coiffure à la Titus ; et il
aurait du toujours laisser après lui un nuage de poudre à la Maréchale.

Sa clientèle féminine avait pour lui un culte, qui allait souvent jusqu'au fétichisme. Je n'étonnerai personne en disant que la réciproque était vraie, et qu'il aimait la société des femmes. Il se trouvait à l'aise dans ce milieu charmant, où la galanterie est de mise et l'élégance de l'esprit toujours bien accueillie : il ne cessa jamais d'y plaire, et à la fin de sa carrière il y était le bienvenu comme aux beaux jours de sa jeunesse.

Poète, il le fut toujours, même dans la pratique de notre art ! C'est ce qui explique certains enthousiasmes et une tendance facile à croire au merveilleux. Cela ne l'empêcha pas de suivre avec intérêt le développement du mouvement scientifique si considérable dans ces vingt dernières années. Les nouveautés, qui venaient souvent renverser des idées assises chez lui depuis longues années, l'étonnaient d'abord ; mais il ne se refusait pas à les examiner et à les admettre, quand elles lui étaient démontrées.

Il fut particulièrement bienveillant pour les jeunes : au lieu d'imiter certains, qui les regardent du haut du chemin, qu'ils ont eux-mêmes parcouru, et les tiennent à distance, il leur ouvrit toujours et sa main et son cœur ; il les encourageait, les poussait au travail, applaudissait à leurs succès, cherchait à faciliter leurs débuts et à leur donner les moyens d'écarter les pierres, qui encombrent les chemins. Combien en est-il parmi nous, qui ne peuvent penser à lui sans se rappeler les encouragements, les bons conseils, qui les ont conduits dans la voie du travail et les ont mis à même de produire.

Lui-même donnait l'exemple ; c'était un travailleur infatigable ; c'est ce qui lui a permis de laisser des œuvres nombreuses et importantes. Il a commencé par la publication d'un volume qui donnait à la fois satisfaction au médecin et au poète ; c'est la traduction en vers français du poëme latin de Fracastor, médecin italien du XVIe siècle, sur la syphilis, qu'il fit paraître en 1847. Elle est précédée d'une étude sur Fracastor, qui est fort intéressante. Les vers du poète latin ont été comparés à ceux de Virgile par des admirateurs que je me permettrai de croire passionnés : je ne suis pas assez compétent pour juger ceux de notre confrère. Il avait dédié ce premier ouvrage à son père, Antoine Yvaren, qui était aussi un littérateur distingué, et qui, il est bien permis de le penser, avait eu la plus grande influence sur le développement de son goût pour les belles-lettres.

En 1854, parurent les *Métamorphoses de la Syphilis*. C'est, à mon avis l'œuvre la plus considérable d'Yvaren, celle dans laquelle il a montré au plus haut point ses qualités d'observateur et de médecin. Il faut nous reporter à l'époque où le livre a été écrit : la question soulevée par notre confrère était neuve ; il a eu le mérite de devancer l'école de l'Antiquaille dans cette voie devenue si féconde. Ce qui est universellement admis aujourd'hui, était alors condamné comme une hérésie par l'école toute puissante de l'hôpital du Midi. Lisez ce livre : vous serez étonné, sans doute, mais vous y prendrez le plaisir que j'y ai pris moi-même et vous ne regretterez en aucune façon le temps que vous y aurez consacré. Vous vous associerez, je n'en doute pas, aux conclusions de M. Gibert, rapporteur de la Commission de l'Académie de Médecine : « Le travail consciencieux « et aussi complet qu'il peut l'être en ce moment « de M. Prosper Yvaren, sur un sujet à peine ébau- « ché jusqu'ici dans les traités les plus récents sur « la matière, est un écrit tout-à-fait hors ligne, tant « par son étendue que par sa nature. Je voudrais « qu'il fut au pouvoir de l'Académie d'en provoquer, « ou du moins d'en encourager la publication dans « un but d'utilité publique. » Il proposait en ter- minant :

« 1° Une lettre de remerciment sera adressée à « l'auteur, avec invitation à publier l'intéressant « ouvrage qu'il a soumis au jugement de l'Aca- « démie.

« 2° Le manuscrit restera déposé honorablement « dans les archives de la Compagnie.

« 3° M. Prosper Yvaren (d'Avignon), sera désigné « pour être inscrit sur la liste des candidats, à la « future commission chargée de préparer une nou- « velle élection de membres correspondants. »

Les conclusions du rapport furent mises aux voix et adoptées à l'unanimité. (Séance du 12 juillet 1853).

En 1858, parut la traduction des *Epidémies et Ephémérides de Baillou*. Quoiqu'en ait dit notre cher confrère, qui recommande ce livre comme une œuvre, qui est à la fois un excellent commentaire des doctrines d'Hippocrate, une étude profonde des cons- titutions médicales, et, ainsi que l'indique son se- cond titre, Ephémérides, le journal d'un des plus grands maîtres de notre art, je doute que beaucoup parmi vous en aient achevé la lecture. Ce que vous lirez avec intérêt et profit, c'est l'introduction de ce livre qu'il avait dédié à son fils. Dans une forme toujours élégante, sous laquelle se devine une véritable émotion, il lui trace avec une sollicitude toute paternelle les conditions que doit remplir celui qui aspire à devenir médecin et les devoirs qu'impose l'exercice de notre art. Ce n'est pas sans une certaine tristesse qu'on lit ces pages, où notre cher maître a atteint souvent une hauteur peu commune. Par un de ces amers démentis que la mort inflige trop souvent à nos projets, ces pages ne devaient pas profiter à celui qui les avait inspirées. Il était brusquement enlevé à l'âge de 15 ans, emportant avec lui tous les projets et toutes les espérances du père désolé.

Ce fut alors pour celui que nous avons perdu une longue période de découragement et d'abandon ! A quoi bon faire quelque chose, nous disait-il ! A qui cela pourra-t-il profiter ! C'est peu après que fut fondée notre Société locale ; nous avions tout d'abord songé à lui pour en être le président ; il ne voulut jamais y consentir, ni alors, ni lorsque plus tard le poste devint vacant. Il se décida pourtant à assister à nos réunions, et la place qu'il y occupa fut toujours considérable. La Société Médicale, qui fut créée peu après, eut sur lui une influence salutaire ; il commença par venir assister aux séances, peu à peu prit une part d'abord réservée, puis active à nos discussions. Les bons chevaux ne respirent pas impunément l'odeur de la poudre : M. Yvaren avait repris possession de lui-même, l'esprit scientifique était réveillé en lui. Il se remit au travail ; vous n'avez point oublié ces charmants travaux, dont vous avez eu la primeur, et qui, pour la plupart, ont été réunis en volume sous le titre d'*Opuscules de Médecine*. Vos suffrages l'appelèrent plusieurs fois de suite à la présidence de notre Société : ce fut un bon président, parfois un peu autoritaire ; vous lui avez bien prouvé votre confiance et votre respectueuse sympathie en lui accordant un honneur inusité, le titre de Président honoraire.

En 1873, il publia une brochure intéressante sous le titre d'*Esquisse d'une statistique médicale de l'arrondissement et de la commune d'Avignon*. Ce travail avait pour moi un grand mérite : N'était-il pas, à 70 ans de distance, la continuation du mémoire intitulé Topographie physique et médicale d'Avignon par le citoyen Pamard, imprimé par ordre et aux frais de l'administration municipale, en l'an X de la République française.

Retiré de la clientèle, il n'occupa pas seulement ses loisirs, à courtiser les Muses, il voulut faire profiter un public nombreux, des matériaux qu'une longue pratique lui avait permis d'acquérir. Il publia dans l'Union de Vaucluse pendant plusieurs années, une série de feuilletons ; sous les titres les plus divers, souvent mythologiques et toujours ingénieux, mais devant toujours frapper l'attention du lecteur, il y traita dans un style toujours aimable et élégant les sujets les plus variés de l'hygiène, cette partie de la médecine, vers laquelle nous dirigeons depuis quelques années une grande partie de nos efforts et, il faut bien avouer que nous y avons quelque mérite, puisqu'elle est destinée à rendre notre intervention

des plus rares. Ces feuilletons furent réunis en volume, et je ne résiste pas au plaisir de mettre sous
vos yeux les quelques lignes par lesquelles débute la
préface qu'il a mise au début de son livre :

« J'ai passé cinquante ans de ma vie, le doigt
« dans les plaies du corps, sans jamais perdre de
« vue les souffrances de l'âme, qui, si souvent, y
« viennent aboutir ; appliquant à cicatriser les unes
« tout ce que l'étude avait mis de ressources spécia-
« les dans mon cerveau, consacrant à adoucir les
« autres, tout ce que Dieu avait mis dans mon cœur
« de bienveillance et d'amour du prochain, ne
« tenant en première estime que ce qui m'aidait à
« guérir ou à soulager. »

C'est là le testament médical de celui que nous
appelions volontiers le cher Maître ; on y voit dominer la note spiritualiste, avec cette nuance d'aimable
philantropie, qui fut le fond de son caractère. Il n'a-
vait pourtant pas quitté sans regrets l'exercice de
notre profession ; vous en aurez la preuve dans la
phrase qui suit :

« Je n'ai abandonné la lutte qu'à l'heure tardive,
« où le rayon de notre soleil est devenu trop chaud,
« le souffle de notre mistral trop froid, les fatigues
« des jours et de la nuit trop lourdes pour le prati-
« cien devenu trop vieux. »

Il avait fallu pourtant se résigner, et de ses loisirs
forcés, sont sortis les *Entretiens d'un vieux médecin sur l'hygiène et la morale*. Le livre eut un très
grand succès chez les médecins et chez les gens du
monde ; vous seriez les premiers à vous en étonner.

Je n'aurai pas beaucoup à revenir sur les doctrines philosophiques d'Yvaren : son genre d'esprit devait fatalement le conduire au spiritualisme ; il était, en outre, sincèrement et profondément chrétien. Cela ne faisait pas de lui l'ennemi d'une douce gaité ; avez-vous oublié quel aimable entrain il a toujours montré dans nos réunions annuelles, gourmandant les jeunes devenus vieux avant l'âge, et entraînant par son exemple ceux qui, comme lui, aiment la joie, les chansons et les contes quelque peu rabelaisiens, après un banquet d'où la contrainte doit être bannie.

Depuis trois ans le deuil ou la maladie l'avaient tenu éloigné de nos agapes fraternelles ; nous n'aurons plus même la consolation de porter sa santé.

Son caractère présentait plusieurs contrastes bien frappants : ce catholique était à ses heures un aimable épicurien, ce légitimiste était un libéral convaincu. Il était toujours d'une aménité parfaite : beaucoup ont pu s'y tromper et prendre pour de la faiblesse, ce qui n'était que de la modestie et le désir immodéré de ne jamais blesser personne. Il détestait l'injustice, et le montra souvent, notamment lorsqu'il lutta dans le Conseil départemental de l'instruction publique pour la cause de la liberté. C'est à cette même époque qu'il donna à notre Société sous le voile de l'anonyme une somme de mille francs ; le fait est trop à son honneur pour que je me croie autorisé à ne pas vous le conter. Il y avait dans la commune d'Entraigues un de nos confrères, Chanard, que vous avez tous connu, estimé et aimé. Il avait pendant plus de trente ans fait gratuitement le service de la médecine des pauvres ;

il s'était enfin trouvé un conseil municipal, qui avait
trouvé immoral de mettre à la charge d'un seul, un
impot qui doit retomber sur la communauté. Des
appointements lui furent attribués pour ce service
public, et cette faible somme permettait à notre
confrère devenu vieux de nouer les deux bouts. Une
de ces crises, comme nous en avons trop vu dans
ces dernières années, vint secouer notre malheu-
reux pays ; Chanard n'avait pas la même opinion,
que ceux qui voulaient dominer ; il fut révoqué. Dès
qu'Yvaren apprit cet acte brutal qui compromettait
la situation d'un confrère injustement frappé, il
vint trouver notre Président et lui dit : « Votre
« caisse n'est pas bien riche, je connais la situation
« de Chanard et la mesure inqualifiable dont il a été
« la victime. Allez au-devant de ses demandes et
« suppléez aux appointements qu'on lui a enlevés.
« Voici mille francs ! Si vous avez d'autres besoins,
« je suis prêt à renouveler mon offrande, mais c'est
« à la condition expresse que mon don sera ano-
« nyme. » Ce fait, Messieurs, se passe de commen-
taires ; vous ne me pardonneriez pas de ne pas vous
l'avoir fait connaître.

Il est des vertus qui sont héréditaires, et vous ne
serez point étonnés d'apprendre que le fils et la fille
de M. Yvaren ont versé en son nom une somme de
mille francs, à la Caisse des pensions viagères.

Notre confrère avait fait dans le monde politique
cette incursion, dont se rendent si volontiers coupa-
bles les médecins arrivés à une certaine période de
leur carrière. Il fut conseiller général, conseiller
municipal, et fit même fonction de maire d'Avignon

pendant près de deux mois. Il montra dans l'exercice de ses divers mandats, les qualités que nous lui connaissons : urbanité, amour du travail, désir de bien faire, impartialité et libéralisme. Il est aisé de comprendre que, dans notre beau pays de France où, quand il s'agit de politique, on n'écoute que ses passions et jamais la sagesse, où les persécuteurs d'aujourd'hui oublient qu'ils s'exposent à de justes représailles et deviendront les persécutés de demain, les qualités de M. Yvaren devenaient d'impardonnables défauts. Ses coréligionnaires politiques ne pouvaient comprendre son esprit de justice, qu'ils taxaient de faiblesse : ils le lui firent bien voir et le rendirent à sa vie tranquille de savant et de poète.

Madame Yvaren était la première à le pousser à la retraite, sa douceur et sa modestie l'éloignaient de cette vie de lutte et d'apparat. Dès 1838, notre confrère avait épousé Mlle Thomas ; il entrait ainsi dans une des familles les plus considérables de la vieille bourgeoisie avignonaise, et il trouvait une femme qui possédait toutes les qualités et toutes les vertus. Ce fut pour lui une vraie compagne : elle le seconda dans la période de lutte, triompha de ses succès, jouit de ses joies et souffrit avec lui, quand les jours de deuil furent venus. Aussi, quand la mort, une mort qui n'était malheureusement que trop prévue, vint l'enlever en janvier 1884, personne d'entre nous ne se fit illusion. Le coup était trop rude : le cher Maître essaya de lutter, il cherchait à se rattacher à la vie, en regardant grandir l'enfant, qu'ils avaient si longtemps et si impatiemment attendus, tous les deux ; il faisait des vers, qui presque tous s'adressaient à la compagne aimée qu'il avait perdue. Ce fut en vain, les sources de la vie étaient atteintes en lui. Après une premiére secousse, qui le mit aux portes du tombeau, il vécut presque une année toute entière. Il est mort courageusement et chrétiennement, entouré de ses enfants, le 16 novembre 1885.

Cette mort, Messieurs, qui date de bientôt une année, a produit en nous tous une émotion, qui ne s'est point encore calmée. M. Yvaren est de ceux que l'on n'oublie pas ; sa place restera toujours marquée parmi nous. Il en est peu qui, même à la fin d'une longue et honorable carrière, acquièrent comme lui le respect, l'estime et l'affection de tous.

Il en est peu, qui, dans notre modeste province, arrivent à pareille notoriété dans le monde scientifique.

Sa vie restera pour nous comme un exemple ; elle peut être définie par deux mots : honnêteté, travail !

Son nom demeura comme celui d'une des gloires les plus pures de la Médecine avignonaise.

Avignon. — Imprimerie Aubanel frères.

www.ingramcontent.com/pod-product-compliance
Lightning Source LLC
LaVergne TN
LVHW011507170726
843501LV00009B/3652